Impressum
Verlag: BABADADA GmbH, Nedderfeld 112 , 22529 Hamburg
Geschäftsführer / Verlagsleitung: Harald Hof
Druck: Books on Demand GmbH, In de Tarpen 42, 22848 Norderstedt

Imprint
Publisher: BABADADA GmbH, Nedderfeld 112 , 22529 Hamburg, Germany
Managing Director / Publishing direction: Harald Hof
Print: Books on Demand GmbH, In de Tarpen 42, 22848 Norderstedt

okul

sikolwa

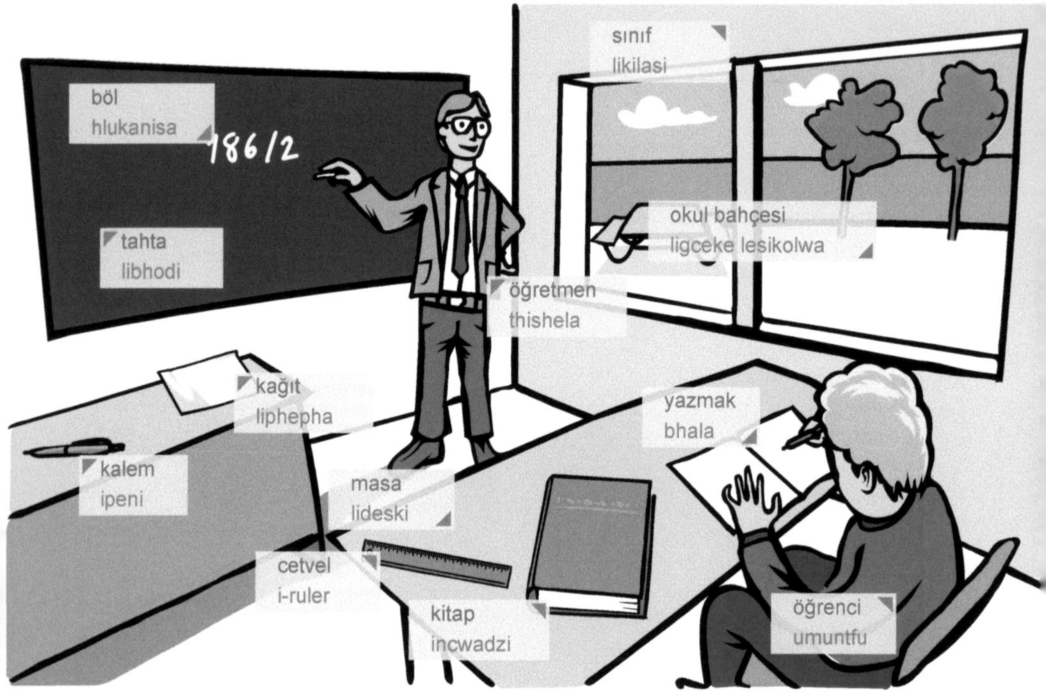
sınıf
likilasi
böl
hlukanisa
186/2
tahta
libhodi
okul bahçesi
ligceke lesikolwa
öğretmen
thishela
kağıt
liphepha
yazmak
bhala
kalem
ipeni
masa
lideski
cetvel
i-ruler
kitap
incwadzi
öğrenci
umuntfu

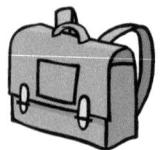

okul çantası

sikhwama setincwadzi tesikolwa

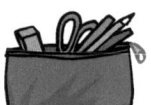

kalemlik

sikhwanyana semapenisela

kurşun kalem

ipenisela

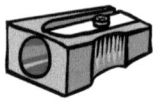

kalem açacağı

umshini wekulolo ipenisela

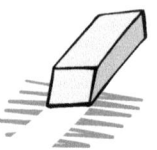

silgi

i-rubber

çizim defteri

intfo yekudvweba

çizim

umdvwebo

resim fırçası

libhulashi lekupenda

boya kutusu

libhokisi lekupenda

makas

tikelo

tutkal

i-glue

alıştırma kitabı

incwadzi yekutadisha

ödev

umsebenti wasekhaya

sayı

inombolo

ekle

hlanganisa

çıkar

susa

çarp

phindzaphidza

hesapla

bala

harf

incwadzi

alfabe

feleba

kelime

ligama

metin
umbhalo

okumak
fundza

tebeşir
ishogo

ders
sifundvo

kayıt
i-register

sınav
sivivinyo sekugcina

sertifika
sitifiketi

okul forması
timphahla tesikolwa

eğitim
imfundvo

ansiklopedi
i-ensaklopheda

üniversite
inyuvesi

mikroskop
sipopolo

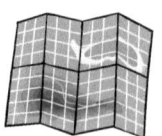

harita
libalave

kağıt çöp kutusu
libhakede lekulahla
emaphepha

seyahat
kuhamba

otel
lihhotela
pansiyon
lihhostela
ROOMS
CHANGE
döviz bürosu
i-bureau de change
bavul
sikhwama setimphahla
otomobil
imoto

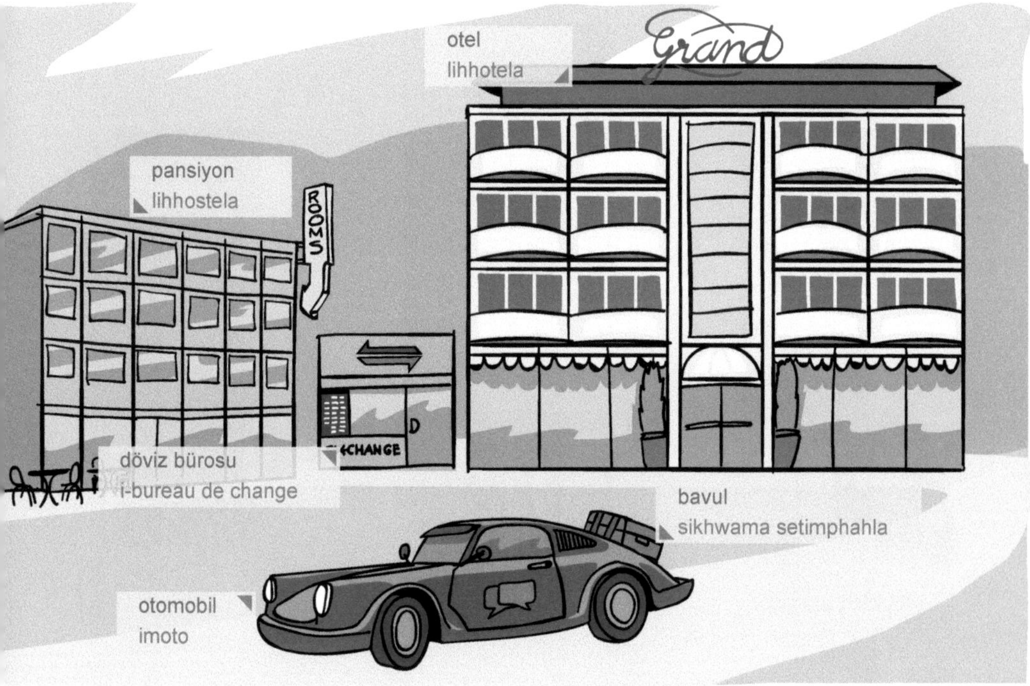

dil

lulwimi

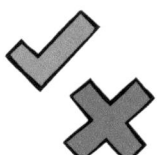

evet / hayır

yebo / cha

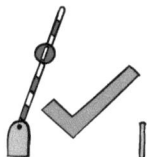

Tamam

Kulungile

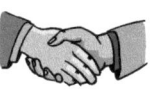

merhaba

sawubona

çevirmen

umhumushi

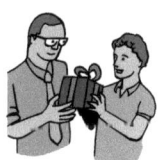

Teşekkür ederim

Siyabonga

bu ... ne kadar?

ingumalini i....?

anlamadım

angivisisi kahle

problem

inkinga

İyi akşamlar!

Lishonile!

Günaydın!

Kusile!

İyi geceler!

Ulale kahle!

güle güle

sala kahle

yön

sicondziso

bagaj

umtfwalo

çanta

sikhwama

sırt çantası

sikhwama lesigacwako

misafir

sivakashi

oda

likamelo

uyku tulumu

sikhwama sekulala

çadır

lithende

turist danışma

imininingwane yetivakashi

sahil

ibhishi

kredi kartı

likhadi lemali

kahvaltı

kudla kwasekuseni

öğle yemeği

kudla kwasemini

akşam yemeği

kudla kwantsambama

Bilet

lithikithi

asansör

i-lift

pul

sitembu

sınır

umcele

gümrük

emakhasimende

elçilik

i-embasi

vize

i-visa

pasaport

ipasipoti

ulaşım
kwetfutsa

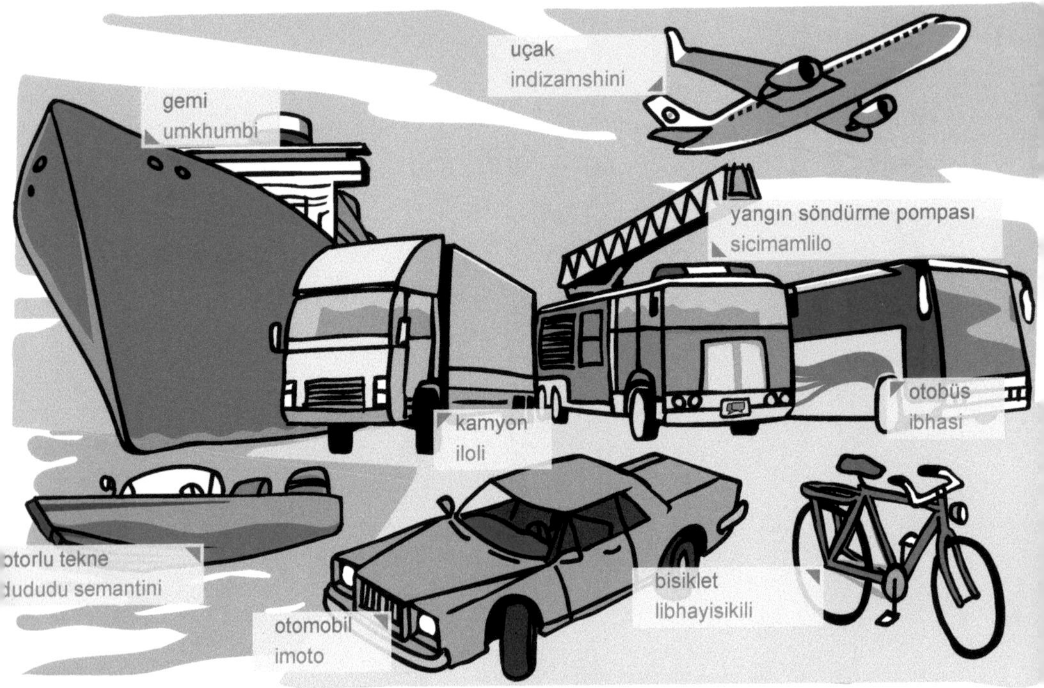
uçak
indizamshini
gemi
umkhumbi
yangın söndürme pompası
sicimamlilo
otobüs
ibhasi
kamyon
iloli
otorlu tekne
dududu semantini
bisiklet
libhayisikili
otomobil
imoto

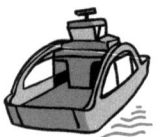

feribot

i-ferry

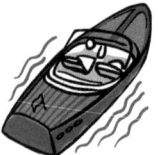

bot

sikebhe

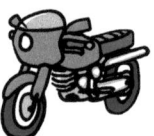

motosiklet

sidududu

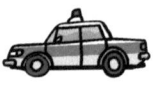

polis arabası

imoto yemaphoyisa

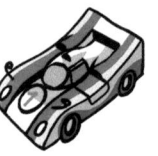

yarış arabası

imoto yemjaho

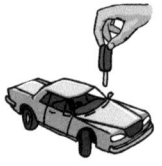

kiralık araba

imoto yekucashisa

ortak araba
kubolekana imoto

çekici
i-breadown

çöp kamyonu
iloli yetibi

motor
imoto

yakıt
phethiloli

benzinlik
ligalaji laphethiloli

trafik işareti
luphawu lwemgwaco

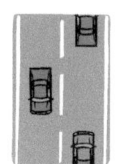

trafik
incumbi yetimoto

trafik sıkışıklığı
incumbi yetimoto letime
emngwacweni

otopark
ipaki yemoto

tren istasyonu
siteshi sesitimela

ray
imizila

tren
sitimela

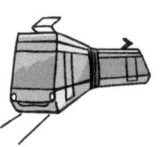

tramvay
i-tram

vagon
inkalishi

helikopter

indiza lenaphephela emhlane

havaalanı

sikhungo setindiza

kule

imoto yekudvonsa letibhajiwe

yolcu

bagibeli

konteyner

intfo yekutfwala

koli

likhathoni

yük arabası

i-cart

sepet

bhasikidi

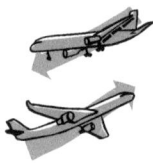

kalkış / iniş

kusuka / kwehla

şehir

lidolobha lelikhulu

köy

umuti

şehir merkezi

ekhatsi nelidolobha

ev

indlu

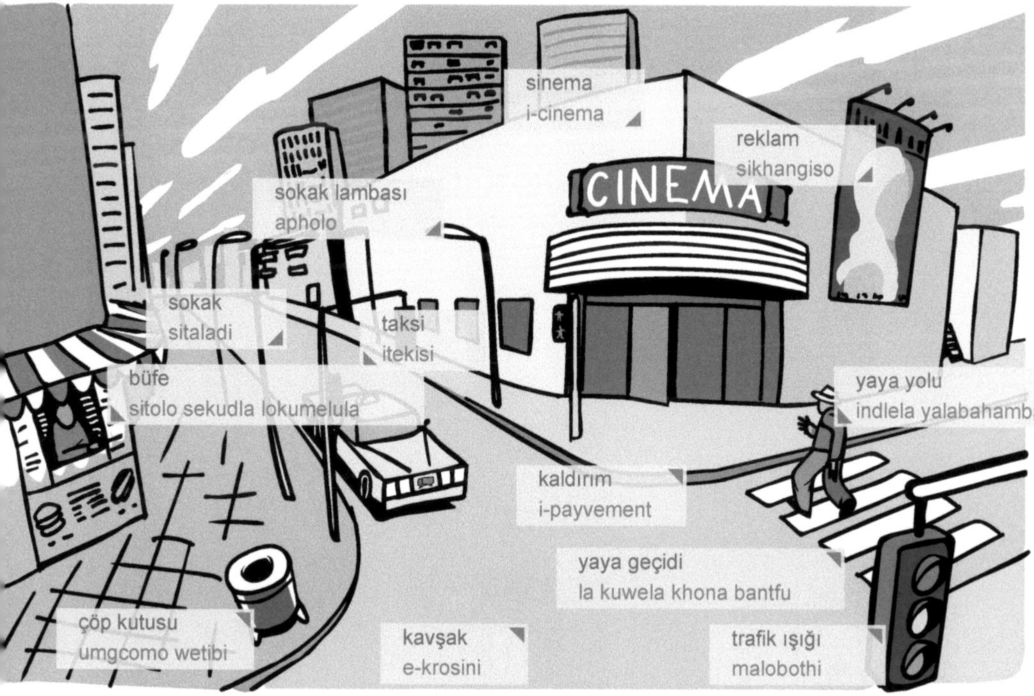

sinema
i-cinema

reklam
sikhangiso

sokak lambası
apholo

sokak
sitaladi

taksi
itekisi

büfe
sitolo sekudla lokumelula

yaya yolu
indlela yalabahamba

kaldırım
i-payvement

yaya geçidi
la kuwela khona bantfu

çöp kutusu
umgcomo wetibi

kavşak
e-krosini

trafik ışığı
malobothi

CINEMA

kulübe
gucasthandaze

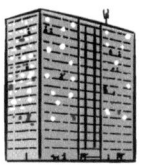

apartman dairesi
lifulethi

tren istasyonu
siteshi sesitimela

belediye binası
lihholwa lasedolobheni

müze
imnyusiyamu

okul
sikolwa

üniversite

inyuvesi

banka

libhange

hastane

sibhedlela

otel

lihhotela

eczane

ikhemisi

ofis

lihhovisi

kitapçı

sitolo setincwadzi

mağaza

sitolo

çiçekçi

lotsengisa timbali

süpermarket

isuphamakethe

market

imakethe

büyük mağaza

litiko letitolo

balık satıcısı

batsengisi betimfishi

alışveriş merkezi

luchungechuge lwetitolo

liman

sikhungo

park
lipaki

bank
libhentji

köprü
libhuloho

merdiven
titezi

metro
ngephansi kwemhlaba

tünel
umhume

otobüs durağı
siteshi sebhasi

bar
sitolo setjwala

restoran
sitolo sekudla

posta kutusu
libhokisi leliposi

sokak tabelası
luphawu lwemgwaco

otopark sayacı
umshini lobala sikhatsi
sekupaka

hayvanat bahçesi
i-zoo

yüzme havuzu
i-swimming pool

cami
lisontfo lemasulumane

çiftlik
lipulazi

kirlilik
kugcolisa umoya

mezarlık
emathuna

kilise
lisontfo

oyun alanı
inkhundla yetemidlalo

tapınak
lithempeli

arazi
libala

yaprak
licembe

yön tabelası
luphawu lwemgwaco

yol
indlela

çayır
umshiya

taş
litje

ağaç
sihlahla

yürüyüşçü
lohamba indlela lendze ngetinyawo

ırmak
umfula

çimen
tjani

çiçek
imbali

vadi
sihosha

tepe
ligcuma

göl
lidanyana

orman
lihlatsi

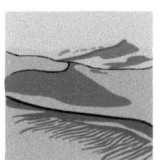

çöl
lihlane

volkan
intsabamlilo

kale
umhlambi wetinkhomo

gökkuşağı
umushi wenkhosatane

mantar
likhowa

palmiye
sihlahla semphayini

sivrisinek
imbuzulwane

sinek
kundiza

karınca
ıntfutfwane

arı
inyosi

örümcek
sayobi

böcek
inkhubabulongo

kurbağa
sicoco

sincap
chakijane

kirpi
ingungumbane

yabani tavşan
lolunye luhlobo lwalogwaja

baykuş
sikhova

kuş
inyoni

kuğu
i-swan

yaban domuzu
ingulube yesiganga

geyik
inyamatane

geyik
i-moose

baraj
lidamu

rüzgar türbini
i-wind turbine

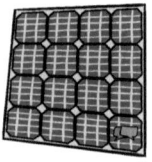

güneş paneli
i-solar panel

iklim
simo selitulu

restoran

sitolo sekudla

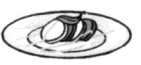

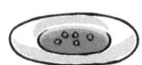

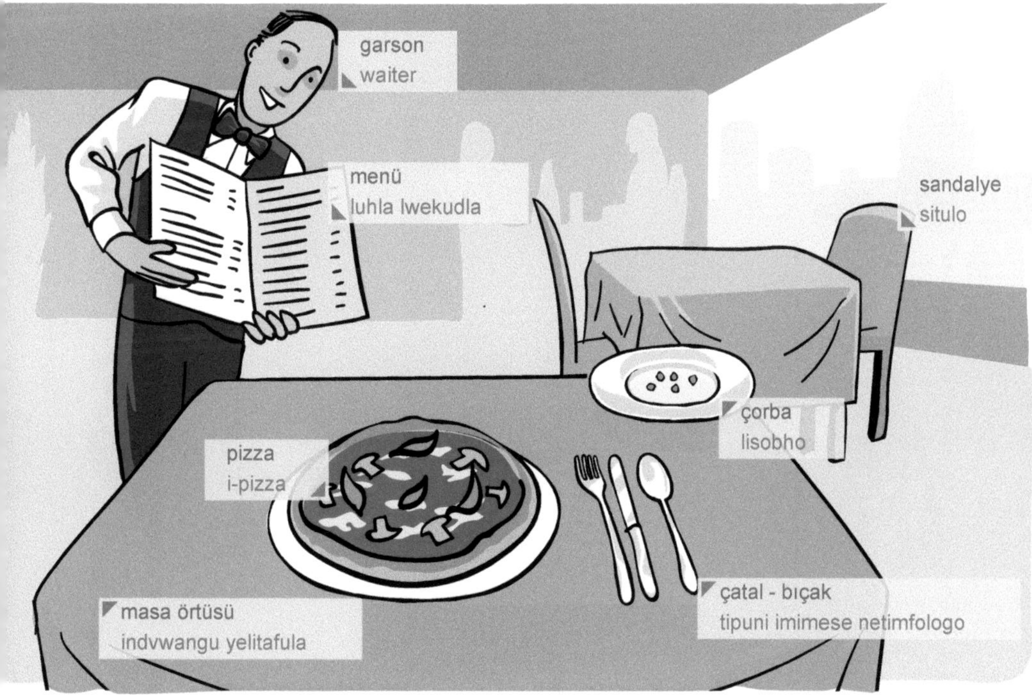
garson
waiter
menü
luhla lwekudla
sandalye
situlo
çorba
lisobho
pizza
i-pizza
masa örtüsü
indvwangu yelitafula
çatal - bıçak
tipuni imimese netimfologo

başlangıç

kudla lokusicalo

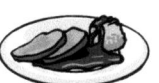

ana yemek

kudla locinile

tatlı

idizethi

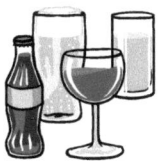

içecekler

tinatfo

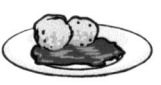

yemek

kudla

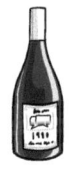

şişe

libhodlela

fastfood

kudla lokusheshako

sokak yemeği

kudla kwasemngwacweni

çaydanlık

ligedlela lelitiye

şekerlik

indishi yashukela

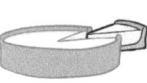

porsiyon

incenye

espresso makinesi

umshini we-espresso

mama sandalyesi

situlo lesiphakeme

fatura

ibhili

tepsi

li-tray

bıçak

umukhwa

çatal

imfologo

kaşık

sipuni

çay kaşığı

sipuni lesincane

servis peçetesi

ithishu yetandla

bardak

ligilasi

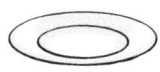

tabak

lipuleti

çorba kasesi

lipuleti lelisobho

fincan altlığı

lipringi

sos

i-sauce

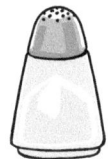

tuzluk

libhodvo lasawoti

karabiber değirmeni

i-pepper mill

sirke

niniga

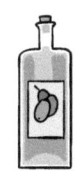

yağ

emafutsa awoyela

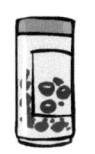

baharat

tipayisi

ketçap

i-ketchup

hardal

i-mustard

mayonez

mayonasi

süpermarket

isuphamakethe

özel teklif
lokusendalini
müşteri
likhasimende
süt ürünleri
indzawo yelubisi
FOR
meyve
titselo
alışveriş arabası
i-trolley

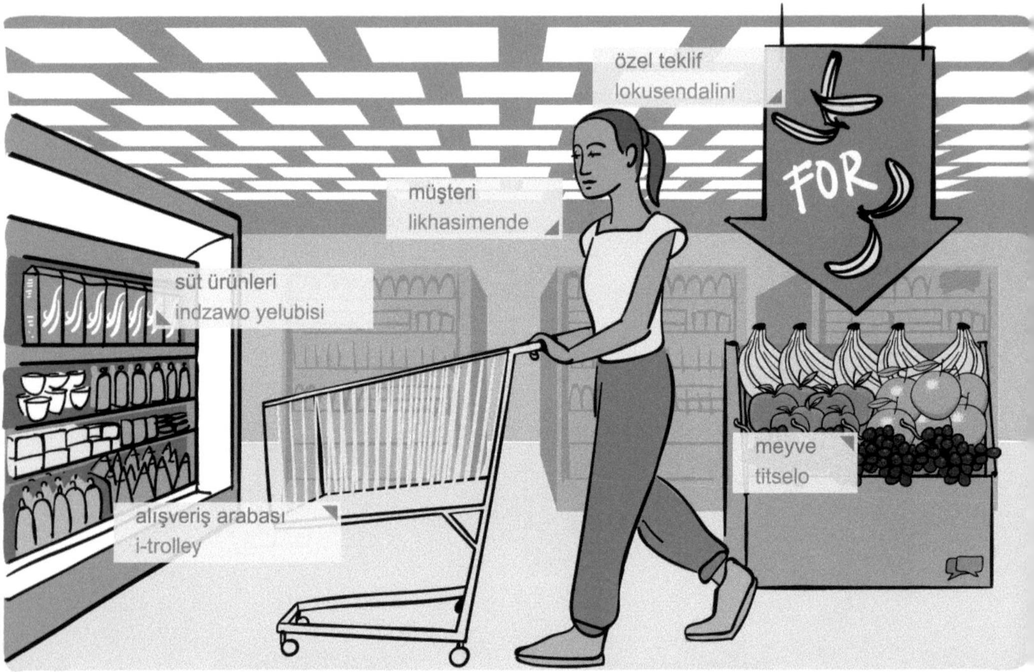

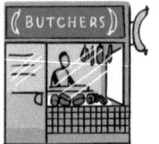

BUTCHERS

kasap

ibhushari

BAKERY

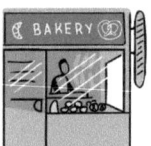

fırın

i-baker

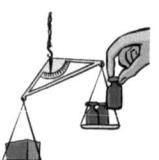

tartmak

kala

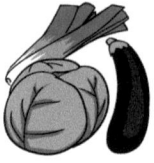

sebze

tibhidvo

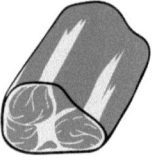

et

inyama

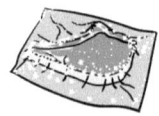

donmuş gıda

kudla lokucandzisiwe

söğüş et

inyama lebandzako

konserve yiyecek

kudla likusemathinini

toz deterjan

insipho yekuwasha

şekerlemeler

emaswidi

ev temizlik ürünleri

tintfo tasekhaya

temizlik ürünleri

imitsi yekukolobha

satış görevlisi

umuntfu lotsengisako

yazar kasa

endzaweni yekubhadala

kasiyer

umtsengisi

alışveriş listesi

luhla lwetintfo tekutsengwa

açılış saatleri

ema-awa ekuvula

cüzdan

sipatji

kredi kartı

likhadi lemali

çanta

sikhwama

plastik poşet

sikhwama seshekhasi

su

emanti

meyve suyu

ijuzi

süt

lubisi

kola

ikhokhi

şarap

liwani

bira

ibhiya

alkol

tjwala

kakao

ikhokho

çay

litiye

kahve

likhofi

espresso

i-espresso

kapuçino

i-cappuccino

muz

bhanana

elma

lihhabhula

portakal

liwolintji

kavun

melon

limon

ilemoni

havuç

emavondlela

sarımsak

galiki

bambu

i-bamboo

soğan

anyanisi

mantar

emakhowa

çerez

emantongomane

makarna

ema-noodles

spagetti

sipageti

pirinç

lilayisi

salata

isaladi

cips

emashibusi

patates kızartması

emazambane lafrayiwe

pizza

i-pizza

hamburger

i-burger

sandviç

isengwishi

şinitzel

inyama lefulawe netimvitsi
tesinkhwa

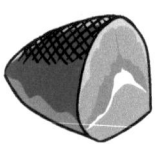

pastırma

i-ham

salam

isalami

sosis

livosi

tavuk

inyama yenkhukhu

rosto

lokufrayiwe

balık

imfishi

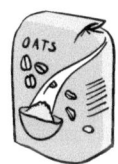

yulaf ezmesi

i-oats

müsli

imusili

mısır gevreği

ema-cornflakes

un

fulawa

kruvasan

ema-croissant

küçük ekmek

sinkhwa

ekmek

sinkhwa

tost

linkhwa lesithosiwe

bisküvi

emabhisikidi

tereyağı

bhotela

kaymak

i-curd

kek

likhekhe

yumurta

emacandza

sahanda yumurta

emacandza lafulayiwe

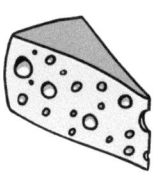

peynlr

ishizi

dondurma

i-ice cream

şeker

shukela

bal

luju

reçel

jamu

fındık ezmesi

shokolethi

köri

ikheri

çiftlik
lipulazi

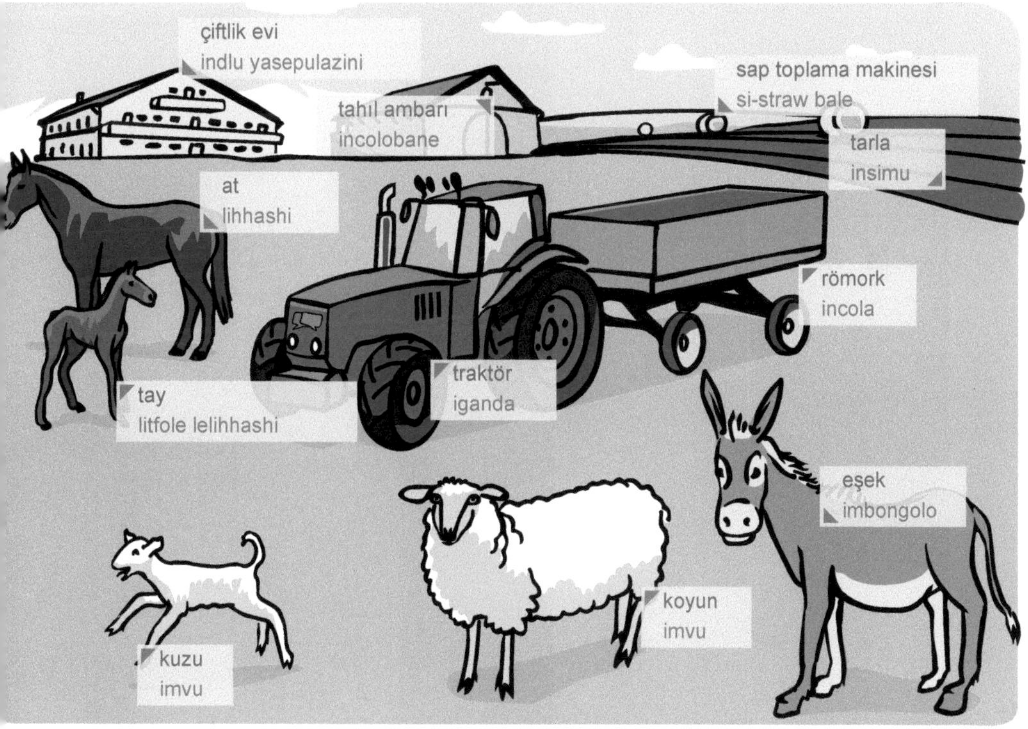

çiftlik evi
indlu yasepulazini
tahıl ambarı
incolobane
sap toplama makinesi
si-straw bale
tarla
insimu
at
lihhashi
römork
incola
traktör
iganda
tay
litfole lelihhashi
eşek
imbongolo
koyun
imvu
kuzu
imvu

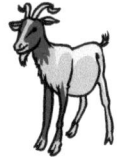

keçi
imbuti

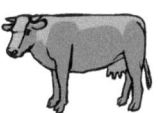

inek
inkhomo

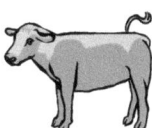

buzağı
litfole

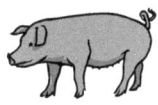

domuz
ingulube

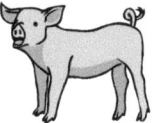

domuz yavrusu
ingulutjana

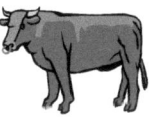

boğa
inkhunzi

kaz

lihansi

ördek

lidada

civciv

lintjwele

tavuk

sikhukhukati

horoz

lichudze

sıçan

ligundvwane

kedi

likati

fare

ligundvwane lelincane

öküz

inkhunzi

köpek

inja

köpek kulübesi

indlu yenja

bahçe hortumu

liphayiphi lemanti
asengadzini

sulama kabı

libhakede lemanti

tırpan

i-scythe

pulluk

likhuba leganda

orak

lisikela

çapa

likhuba

dirgen

imfologo yetjani

balta

lizembe

el arabası

libhala

yemlik

litrofula

süt kovası

iromkani

çuval

lisaka

çit

ifenisi

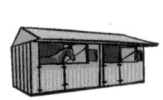

ahır

sitebele

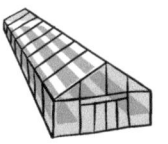

sera

indlu leluhlata

toprak

umhlabatsi

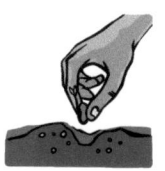

tohum

imbewu

gübre

sivundzisi

biçerdöver

bavuni

hasat etmek
vuna

harman
sivuno

tatlı patates
i-yams

buğday
likhula

soya
isoyi

patates
lizambane

mısır
sibhuluja sembila

kolza
i-rapeseed

meyve ağacı
sihlahla setitselo

manyok
bhatata

hububat
ema-cereals

baca
ishimela

çatı
luphahla

yağmur oluğu
emaphayiphi lahambisa emanti

pencere
lifasitelo

garaj
ligalaji

kapı zili
insimbi yemnyango

kapı
umnyango

çöp kutusu
umgcomo wetibi

posta kutusu
libhokisi leliposi

bahçe
ingadzi

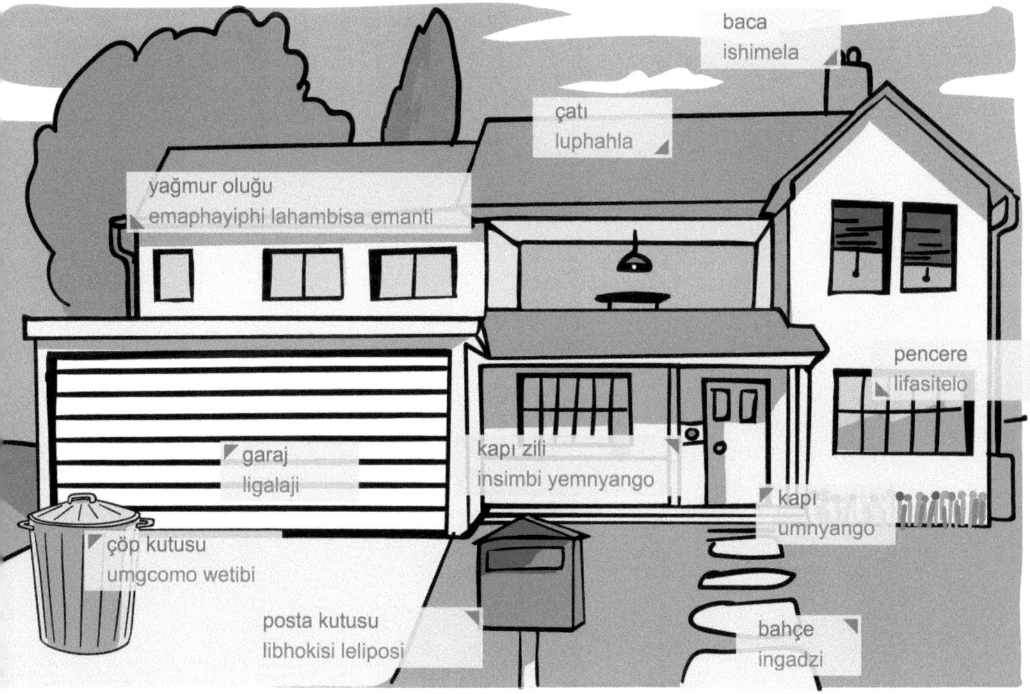

oturma odası
indzawo yamabonakudze

banyo
likamelo lekugezela

mutfak
likhishi

yatak odası
likamelo

çocuk odası
likamelo lemntfwana

yemek odası
ligumbu lekudlela

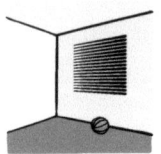

zemin

siyilo

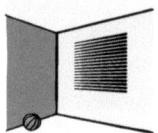

duvar

lubondza

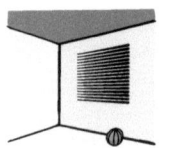

tavan

isilingi

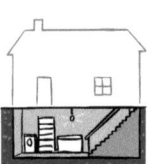

kiler

i-cellar

sauna

i-sauna

balkon

umpheme

teras

libala

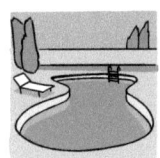

havuz

lidamu lekududa

çim biçme makinesi

umshini wetjani

çarşaf

lishidi

yatak örtüsü

ibhedspredi

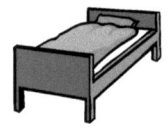

yatak

umbhedze

süpürge

umshanelo

kova

libhakede

anahtar

iswishi

oturma odası

indzawo yamabonakudze

duvar kağıdı
i-wallpaper
resim
sitfombe
lamba
sibane
raf
lishelufa
dolap
likhabethe
televizyon
mabonakudze
şömine
likahela
çiçek
imbali
minder
ikhushini
kanepe
sofa
vazo
ivasi
uzaktan kumanda
irimothi

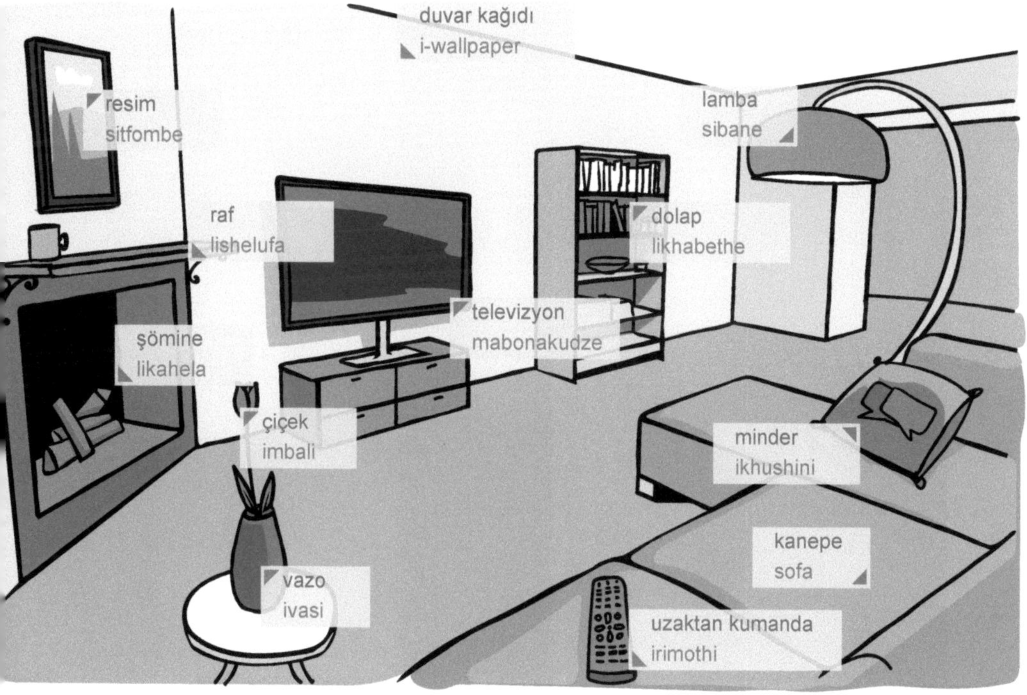

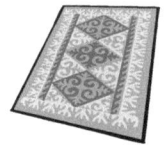

halı

imadi yendlu

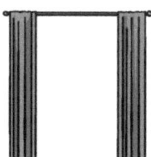

perde

likhetheni

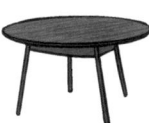

masa

litafula

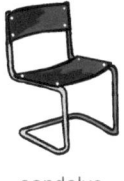

sandalye

situlo

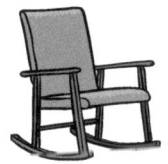

salıncaklı koltuk

situlo sangephandle

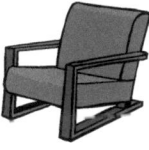

koltuk

situlosemikhono

kitap
incwadzi

battaniye
ingubo

dekor
umhlobiso

odun
tinkhuni tekubasa

film
lifilimu

hi-fi
igumbagumba

anahtar
tikhiya

gazete
liphephandzaba

tablo
pende

poster
likhadi laselubondzeni

radyo
iwayilensi

defter
kwekutsa emaphuzu

elektrikli süpürge
i-hoover

kaktüs
sitjalo lokutsiwa yi-cactus

mum
likhandlela

mutfak
likhishi

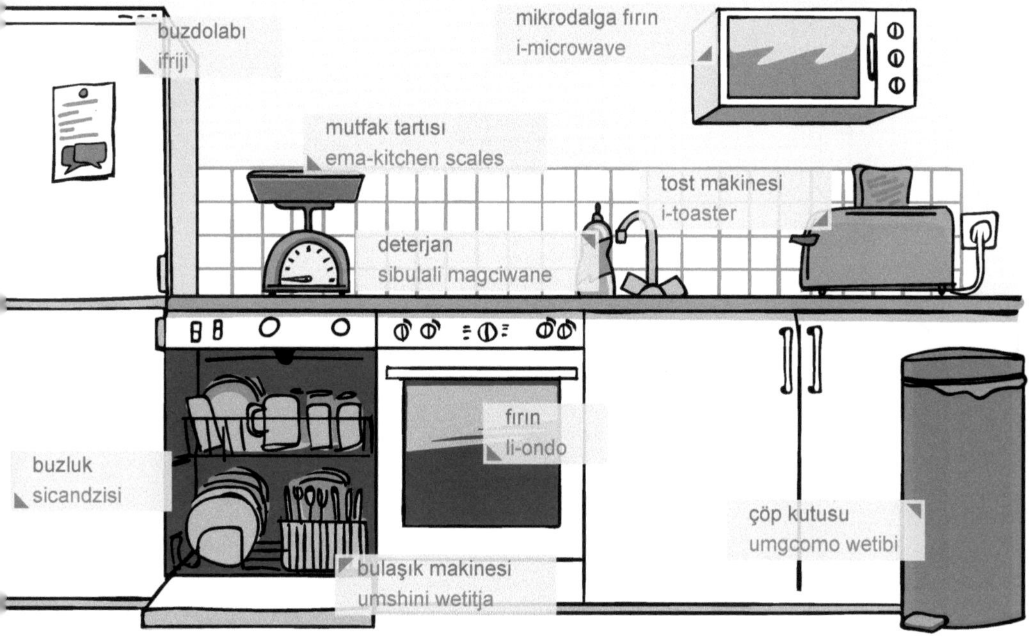
buzdolabı
ifriji
mikrodalga fırın
i-microwave
mutfak tartısı
ema-kitchen scales
tost makinesi
i-toaster
deterjan
sibulali magciwane
fırın
li-ondo
buzluk
sicandzisi
çöp kutusu
umgcomo wetibi
bulaşık makinesi
umshini wetitja

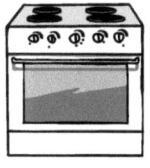

ocak
umpheki

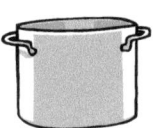

tencere
libhodvo

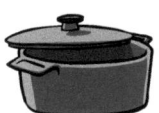

döküm tencere
i-cast-iron pot

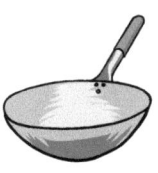

wok
i-wok /kadai

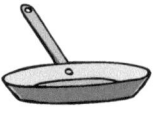

tava
lipani

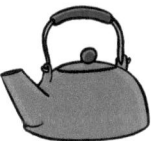

su ısıtıcı
ligedlela

buharlı pişirici
i-steamer

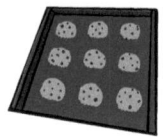

pişirme tepsisi
lipani lekubhaka

tabak takımı
i-crockery

kupa
imagi

kase
indishi

çubuk (çin yemeği)
tindvukwana tekujuba

kepçe
i-landle

spatula
si-spatula

çırpma teli
i-whisk

süzgeç
i-strainer

elek
i-sieve

rende
i-grater

havan
i-mortar

barbekü
i-barbecue

açık ateş
umlilo lovulekile

kesme tahtası

libhodi lekujuba kudla

merdane

i-rolling pin

tirbüşon

i-corkscrew

konserve kutusu

likani

konserve açacağı

lithulusi lekuvala likani

fırın eldiveni

intfo yekubeka emabhodvo

evye

izinki

fırça

libhulashi

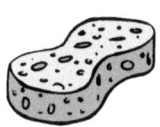

sünger

sipontji

blender

i-blender

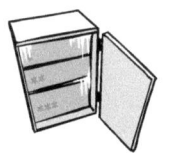

derin dondurucu

i-deep freezer

biberon

libhodlela lemntfwana

musluk

ımpompi

banyo
likamelo lekugezela

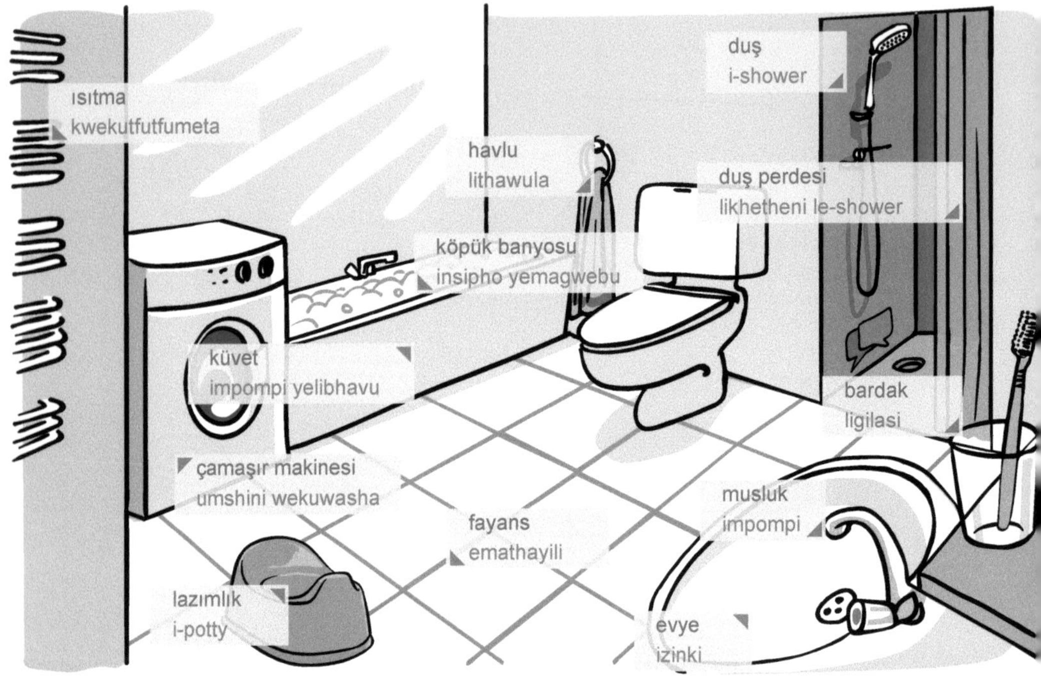

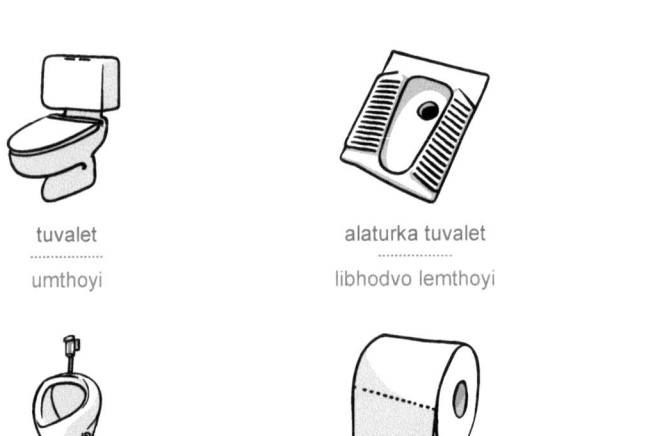

ısıtma
kwekutfutfumeta
havlu
lithawula
duş
i-shower
duş perdesi
likhetheni le-shower
köpük banyosu
insipho yemagwebu
küvet
impompi yelibhavu
bardak
ligilasi
çamaşır makinesi
umshini wekuwasha
musluk
impompi
fayans
emathayili
lazımlık
i-potty
evye
izinki

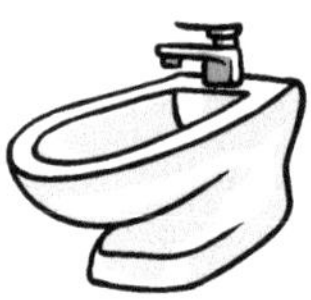

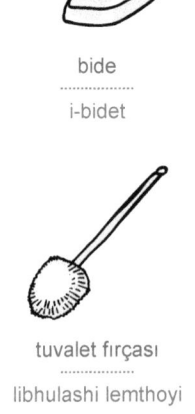

tuvalet
umthoyi

alaturka tuvalet
libhodvo lemthoyi

bide
i-bidet

pisuvar
umnchamo

tuvalet kağıdı
ithishu

tuvalet fırçası
libhulashi lemthoyi

diş fırçası

libhulashi lematinyo

diş macunu

insipho yematinyo

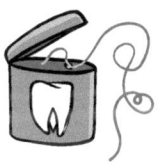

diş ipi

intsambo yekuhlanta ematinyo

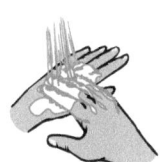

yıkamak

washa

duş başlığı

liphayiphu le-shower lelibanjwa ngetandla

duş başlığı şeklinde taharet musluğu

i-douche

küvet

i-basin

banyo fırçası

libhulashi lemgogodla

sabun

insipho lecinile

duş jeli

i-gel ye-shower

şampuan

insipho yemagwebu

banyo lifi

i-flannel

gider

kwekuhambisa emanti

krem

i-cream

deodorant

emakha emakhwapha

ayna

sibuko

el aynası

sibuko lesincane

jilet

i-razor

tıraş köpüğü

emagwebu ekushefa

tıraş losyonu

kwegcobisa ngemuva
kwekushefa

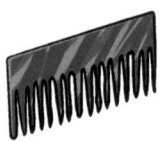

tarak

i-comb

fırça

libhulashi

saç kurutma makinesi

kwekomisa tinwele

saç spreyi

kwekufutsa tinwele

makyaj

kwekutimomonya

ruj

i-lipstick

tırnak cilası

pende wetingalo

pamuk

i-cotton wool

tırnak makası

sikelo setingalo

parfüm

emakha

makyaj çantası

sikhwama setintfo tekugeza

tabure

situlo

tartı

sikali sesisindvo

bornoz

kwekugcoka nawugeza

lastik eldiven

emagilavu e-rubber

tampon

i-tampon

kadın pedi

lithawula lekuhlanta

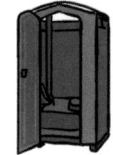

kimyevi tuvalet

imitsi yekukolobha umthoyi

çocuk odası
likamelo lemntfwana

çalar saat
liwashi le-alamu
peluş oyuncak
lithoyi lekudlala
oyuncak araba
lithoyizi lemoto
çıngırak
i-rattle
bebek evi
imipopi
hediye
i-present

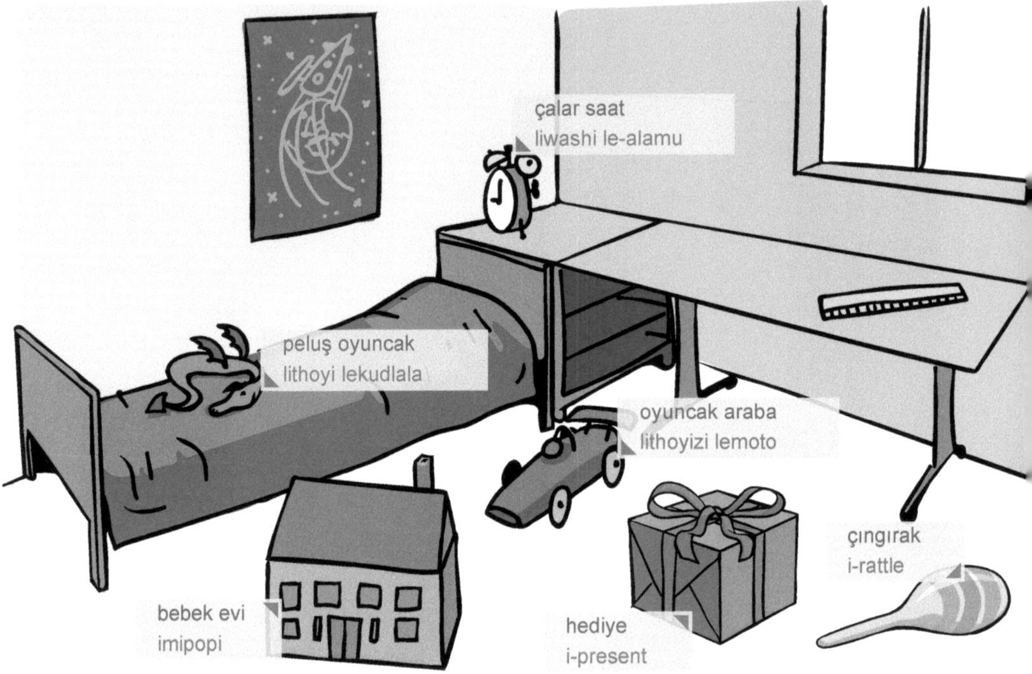

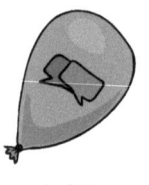

balon

ibhaluni

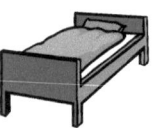

yatak

umbhedze

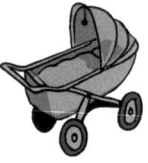

bebek arabası

ipram

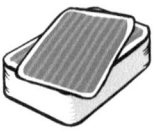

kart destesi

emakhadi ekudlala

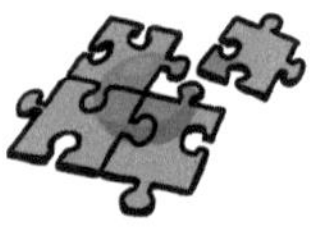

yapboz

i-jigsaw

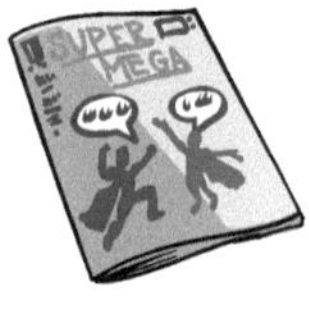

çizgi roman

i-comic

lego tuğlaları

emabloko e-lego

lego blokları

emabloko ekwakha

aksiyon figürü

i-actionfigure

zıbın

kukhula kwemntfwana

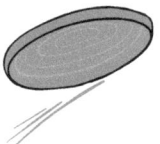

frizbi

i-frisbee

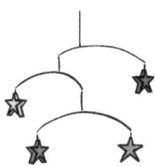

dönence

i-mobile

masa oyunu

ibhodi yemdlalo

zar

lidayisi

model tren seti

isethi yemathoyizi etitimela

emzik

i-dummy

parti

i-party

resimli kitap

incwadzi yetitfombe

top

ibhola

oyuncak bebek

nodoli

oynamak

dlala

kum havuzu

umgodzi wemhlabatsi

salıncak

umjikeli

oyuncaklar

emathoyizi

video oyun konsolu

umshini wemdlalo wema-video

üç tekerlekli bisiklet

masondvontsatfu

oyuncak ayı

umdoli welibhele

gardırop

ihhodrobhu

kıyafet
timphahla tekugcoka

çorap

emakawosi

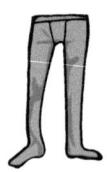

külotlu çorap

ema-stockings

tayt

umtjopi

eşarp
sikafu

kemer
libhande

şemsiye
sambulelo

tişört
tikibha

bot
emabhudzi

spor ayakkabı
timphahla tekujima

terlik
ticatfulo tasendlini

sandalet
tincabule

ayakkabı
ticatfulo

lastik çizme
emabhudzi emvula

külot
emabhuluko angephansi

sütyen
ibhodi

yelek
i-vest

dar bluz
umtimba

pantolon
emabhuluko

kot pantolon
ibhokathi

etek
sikedi

bluz
liblawosi

gömlek
liyembe

kazak
i-pullover

süveter
i-hoodie

blazer
libhantji

ceket
silamba

mont
lijazi

yağmurluk
lijazi lemvula

kostüm
i-costume

elbise
lilogo

gelinlik
likogo lemshado

takım elbise
isudi

gecelik
i-gown yasebusuku

pijama
emabhijamu

sari
i-sari

baş örtüsü
sikafu

türban
i-turban

burka
i-burqa

kaftan
i-kaftan

çarşaf
i-abaya

mayo
timphahla tekududa

erkek mayosu
ema-anda

şort
emabhuluko lamafishane

eşofman
ı-treksudi

önlük
liphinifa

eldiven
emaglavu

düğme
inkinobho

gözlük
tibuko

bilezik
buhlalu

kolye
umgaco

yüzük
indandatho

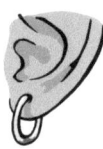

küpe
emacici

kep
likepisi

portmanto
i-hanger yelijazi

şapka
sigcoko

kravat
thayi

fermuar
iziphu

kask
sivikelo senhloko

pantolon askısı
kwekusekela sitfo semtimba

okul forması
timphahla tesikolwa

üniforma
inyunifomu

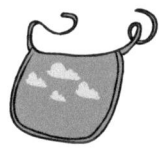

mama önlüğü

i-bib

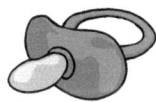

emzik

i-dummy

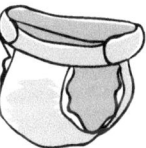

bebek bezi

linabukeli

ofis

lihhovisi

sunucu
i-server
dosya dolabı
likhabethe lemafayela
kağıt
liphepha
yazıcı
i-printer
monitör
i-monitor
fare
i-mouse
masa
lideski
klasör
intfo yekugoca
klavye
i-keyboard
ağıt çöp kutusu
bhakede lekulahla emaphepha
bilgisayar
ngconomshina
sandalye
situlo

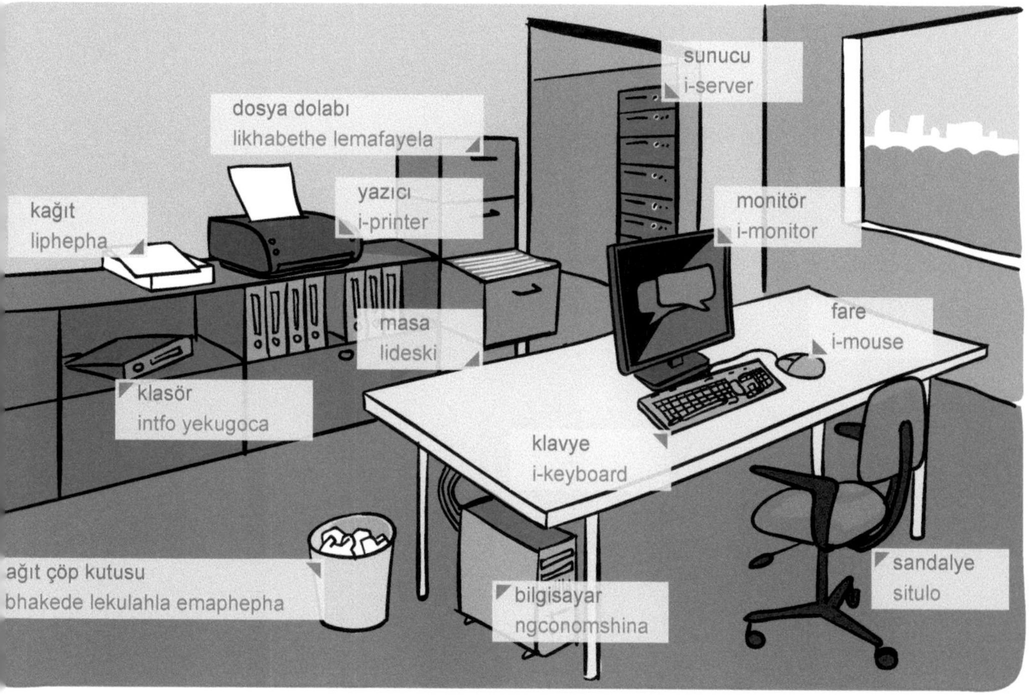

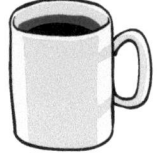

kahve fincanı

likomishi lelikofi

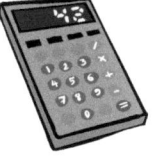

hesap makinesi

i-calculator

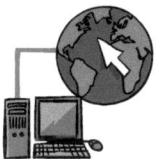

internet

i-inthanethi

dizüstü

i-laptop

mektup

incwadzi

mesaj

umlayeto

cep telefonu

i-mobile

ağ

i-network

fotokopi makinesi

umshini wekwenta
emakhophi

yazılım

i-software

telefon

lucingo

priz

liplaliki lagesi

faks makinesi

umshini wekufeksa

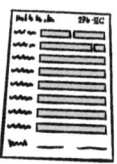

form

lifomu

belge

liphepha

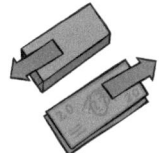

satın almak

tsenga

ödemek

bhadala

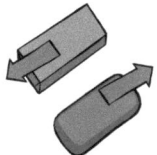

ticaret yapmak

beka imali

para

imali

 USD

dolar

li-dollar

 EUR

avro

li-euro

 JPY

yen

li-yen

 RUB

ruble

li-rouble

 CHF

İsviçre frangı

i-Swiss franc

 CNY

Çin yuanı

i-renminbi yuan

 INR

rupi

i-rupee

kasa

umshini wemali

döviz bürosu
i-bureau de change

altın
ligolide

gümüş
lisiliva

petrol
woyela

enerji
emandla

fiyat
linani

kontrat
sivumelwano

vergi
umtselo

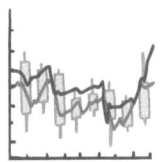

menkul değer
sitoko

çalışmak
sebenta

işveren
sisebenti

işçi
umcashi

fabrika
ifemu

mağaza
sitolo

meslekler
tikhundla

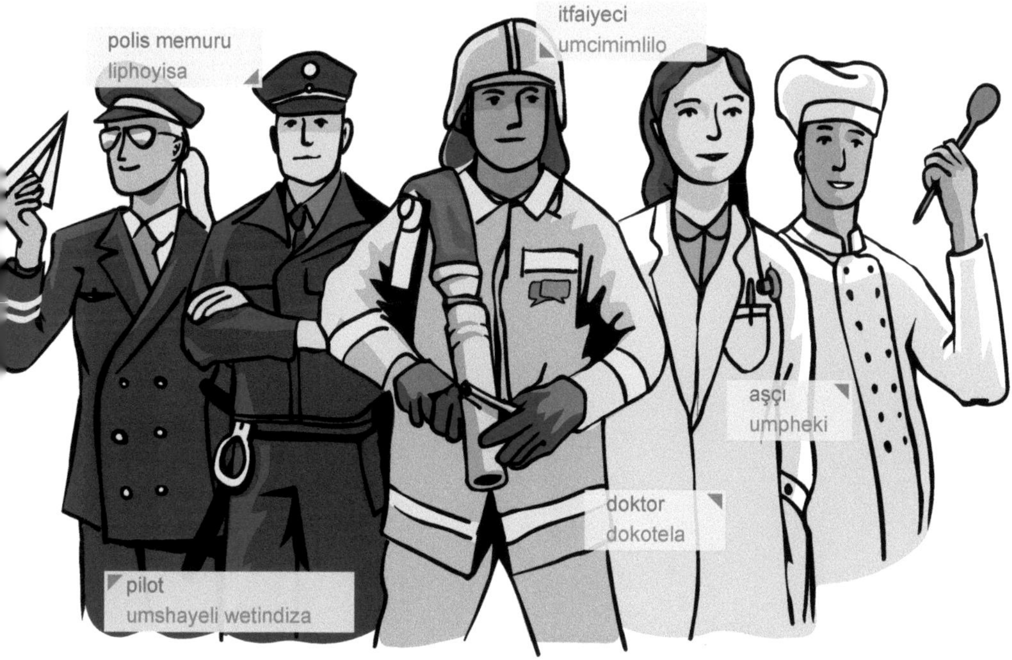
polis memuru
liphoyisa
itfaiyeci
umcimimlilo
aşçı
umpheki
doktor
dokotela
pilot
umshayeli wetindiza

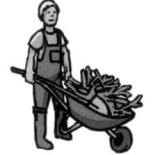

bahçıvan

losebenta engadzini

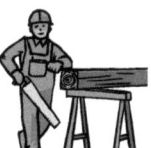

marangoz

ummbati

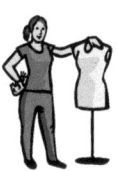

terzi

umtfungi

hakim

mehluleli

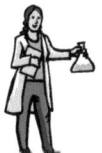

kimyager

khemisi

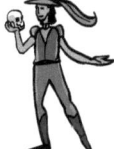

aktör

umlingisi

otobüs şoförü

umshayeli webhasi

taksi şoförü

umshayeli wekhumbi

balıkçı

umdvobi

temizlikçi

limedi

çatı ustası

umfuleli

garson

waiter

avcı

umtingeli

boyacı

mapendani

fırıncı

umbhaki

elektrikçi

gesana

inşaatçı

meselane

mühendis

sonjiniyela

kasap

umtsengisi wenyama

muslukçu

somaphayiphi

postacı

lohambisa liposi

asker

lisotja

mimar

umdvwebi wemapulani

kasiyer

umtsengisi

çiçekçi

umtsengisi wetimbali

kuaför

losebenta ngetinwele

kondüktör

umbhidisi

tamirci

mekhenikha

kaptan

kaputeni

dişçi

dokotela wematinyo

bilim insanı

sosayensi

haham

rabi

imam

imam

keşiş

monk

rahip

urnfundisi

aletler
emathulusi

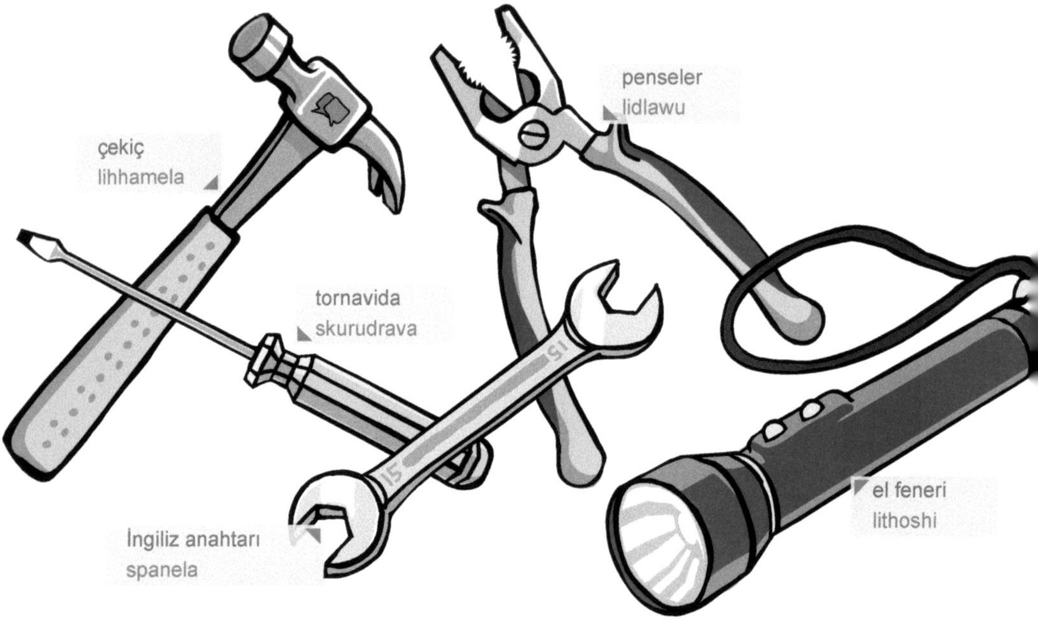

penseler
lidlawu
çekiç
lihhamela
tornavida
skurudrava
İngiliz anahtarı
spanela
el feneri
lithoshi

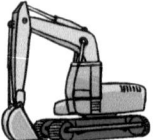

kazı makinesi

lifosholo

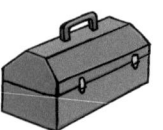

alet çantası

libhokisi lemathulusi

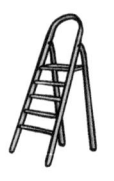

merdiven

lilele

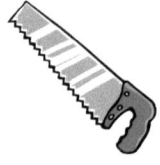

testere

lisaha

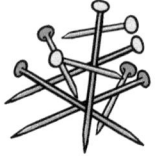

çiviler

tipikili

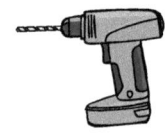

matkap

umshini wekwenta timbobo

tamir etmek
....
lungisa

kürek
....
lifosholo

Kahretsin!
....
i-Damni!

faraş
....
lipani lekuwola tibi

boya tenekesi
....
likani lapende

vidalar
....
tikruzi

müzik enstrümanı
insimbi yemculo

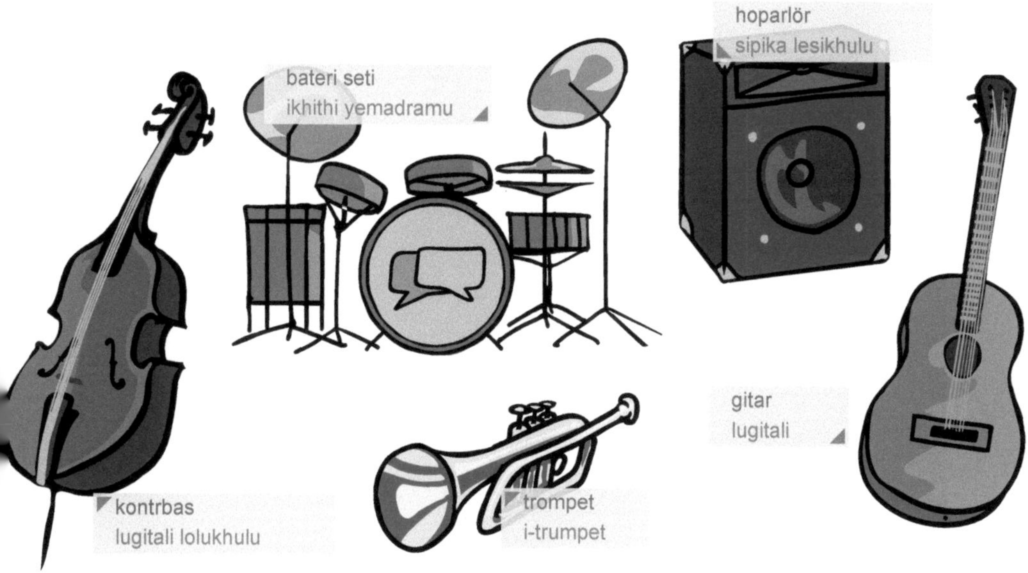

hoparlör
sipika lesikhulu

bateri seti
ikhithi yemadramu

gitar
lugitali

kontrbas
lugitali lolukhulu

trompet
i-trumpet

piyano
i-piano

keman
ivayolini

basgitar
ibhesi

timpani
i-timpani

bateri
emadramu

klavye
i-keyboard

saksafon
i-saxohone

flüt
ifluthi

mikrofon
umbhobho

hayvanat bahçesi

i-zoo

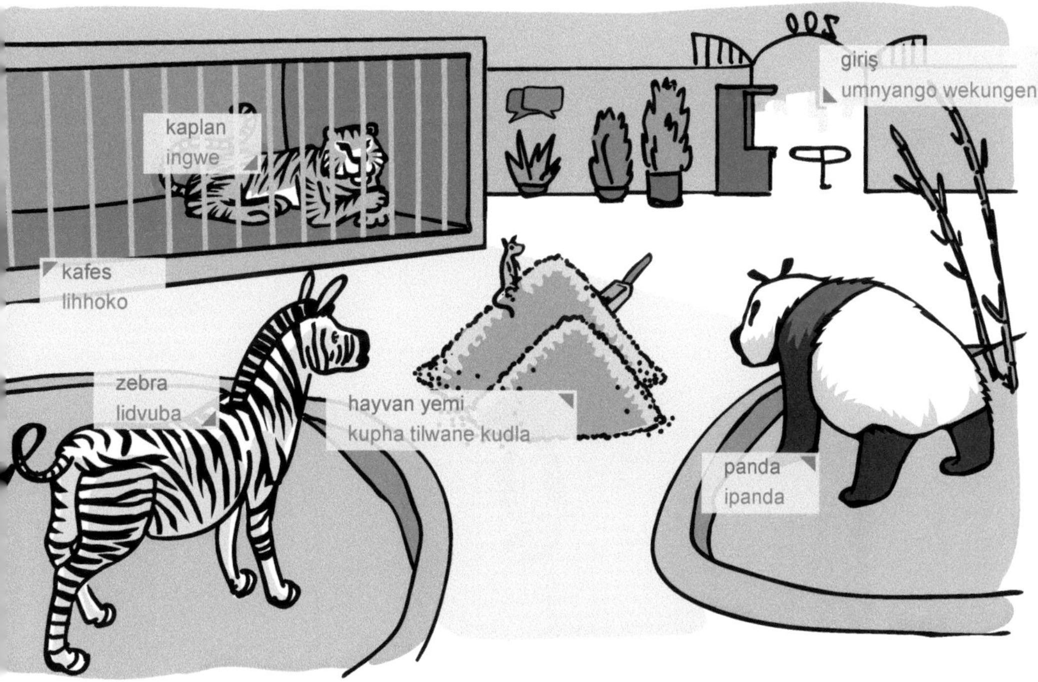

giriş
umnyango wekungena
kaplan
ingwe
kafes
lihhoko
zebra
lidvuba
hayvan yemi
kupha tilwane kudla
panda
ipanda

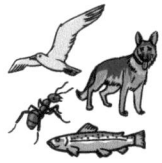

hayvanlar

tilwane

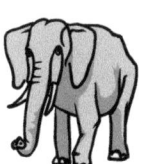

fil

indlovu

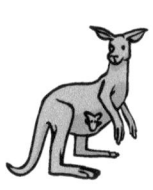

kanguru

ikangaru

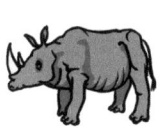

gergedan

bhejane

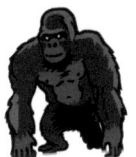

goril

igorila

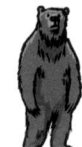

ayı

libhele

deve

likamela

deve kuşu

i-ostrishi

aslan

libhubesi

maymun

imfene

flamingo

i-flamingo

papağan

iparoti

kutup ayısı

libhele

penguen

iphejini

köpek balığı

shaka

tavus kuşu

iphigogo

yılan

inyoka

timsah

ingwenya

hayvanat bahçesi görevlisi

umgcini tilwane

fok

isili

jaguar

i-jaguar

midilli atı

poni

leopar

ingwe

su aygırı

imvubu

zürafa

indlulamitsi

kartal

lusweti

yaban domuzu

ingulube yesiganga

balık

imfishi

kaplumbağa

lifundvu

mors

i-warasi

tilki

jakalazi

ceylan

inyamatane

amerikan futbolu
libhola letinyawo laseMelika

bisiklete binme
umdlalo wemabhayisikili

tenis
itenesi

basketbol
i-basketball

yüzme
kududa

buz hokeyi
umdlalo waselichweni

boks
umdlalo wetibhakela

futbol
libhola letinyawo

badminton
i-badminton

atletizm
tingijimi

hentbol
libhola letandla

kayak
umdlalo wekuntjuza

polo
i-polo

etkinlikler
imisebenti

gülmek
hleka
atlamak
gcuma
sarılmak
gona
yürümek
hamba
söylemek
hlabela
hayal etmek
liphupho
dua etmek
thantaza
öpmek
cabuza

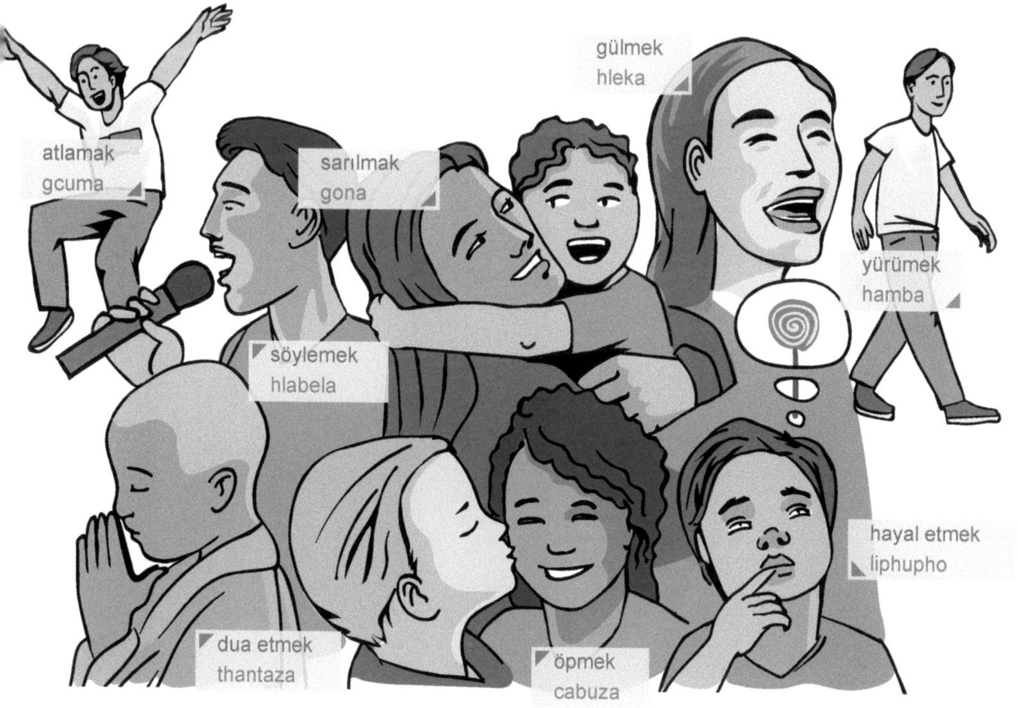

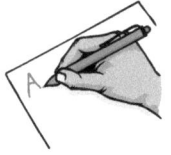

yazmak
bhala

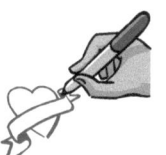

çizmek
tsatsa

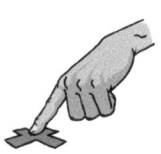

göstermek
khombisa

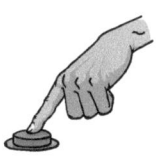

itmek
fuca

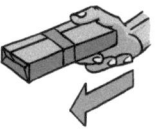

vermek
nika

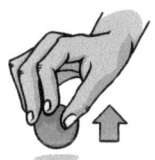

almak
tsatsa

sahip olmak
tsatsa

yapmak
yenta

olmak
be

ayakta durmak
sukuma

koşmak
gijima

çekmek
dvonsa

atmak
jika

düşmek
wani

yalan söylemek
cala emanga

beklemek
mani

taşımak
tsatsa

oturmak
hlala

giyinmek
yembatsa

uyumak
lala

uyanmak
vuka

bakmak
buka

ağlamak
khala

vurmak
shaya

taramak
kama

konuşmak
khuluma

anlamak
condza

sormak
buta

dinlemek
lalela

içmek
natsa

yemek
dlani

düzenlemek
gcogca

sevmek
tsandza

pişirmek
pheka

sürmek
shayela

uçmak
ndiza

denize açılmak

ntjuza

hesapla

bala

okumak

fundza

öğrenmek

fundza

çalışmak

sebenta

evlenmek

shada

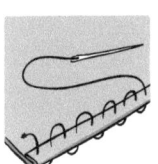

dikmek

tfunga

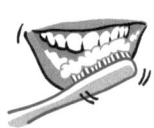

diş fırçalamak

kugeza ematinyo

öldürmek

bulala

sigara içmek

bhema

yollamak

tfumela

büyükanne
gogo

büyükbaba
mkhulu

baba
babe

anne
make

bebek
umntfwana

kız
indvodzakati

oğul
indvodzana

misafir
....
sivakashi

teyze
....
anti

amca
....
malume

erkek kardeş
....
umnaketfu

kız kardeş
....
sisi

vücut

umtimba

alın
siphongo
göz
liso
omuz
lihlombe
parmak
umuno
yüz
buso
çene
silevu
el
sandla
bacak
umbala
göğüs
libele
kol
umkhono

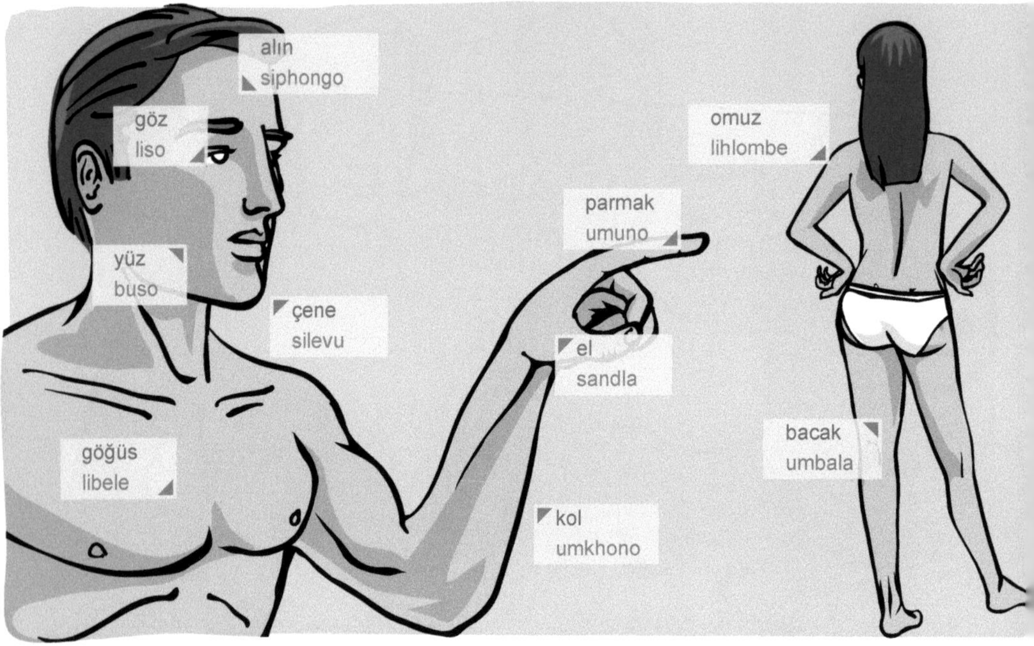

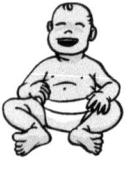

bebek

umntfwana

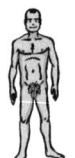

adam

indvodza

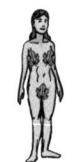

kadın

umfati

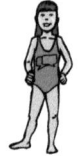

kız

intfombatane

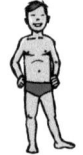

erkek çocuk

umfana

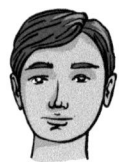

baş

inhloko

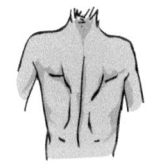

sırt
emuva

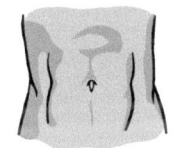

karın
umkhatjana

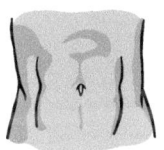

göbek
sibhono

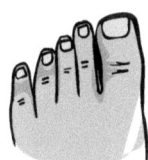

ayak parmağı
luzwane

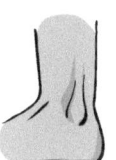

topuk
sitsendze

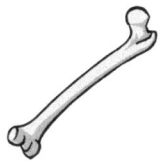

kemik
litsambo

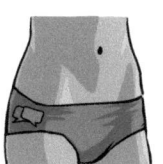

kalça
litsanga

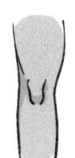

diz
lidvolo

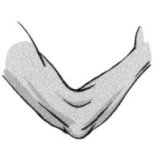

dirsek
ingcosa

burun
imphumulo

kalça
entansi

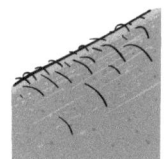

deri
sikhumba

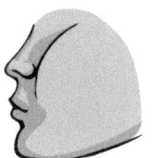

yanak
slhlatsı

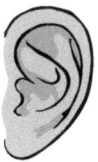

kulak
indlebe

dudak
indzebe

ağız

umlomo

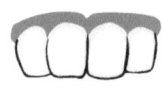

diş

litinyo

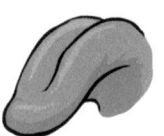

dil

lilimi

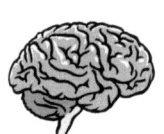

beyin

bucopho

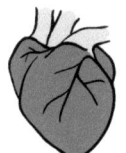

kalp

inhlitiyo

kas

umsipha

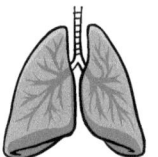

akciğer

liphaphu

karaciğer

sibindzi

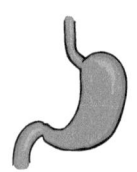

mide

sisu

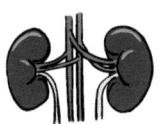

böbrekler

tinso

seks

kulalana

prezervatif

lijazi lemkhwenyana

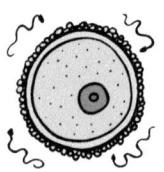

yumurtalık

licandza lentalo

sperm

sidvodza

hamilelik

kukhulelwa

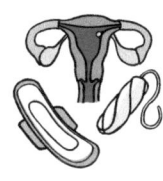

regl

kuya esikhatsini

vajina

ligolo

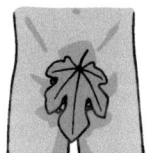

penis

umpipi

kaş

inkhophe

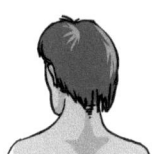

saç

lunwele

boyun

intsamo

hastane
sibhedlela

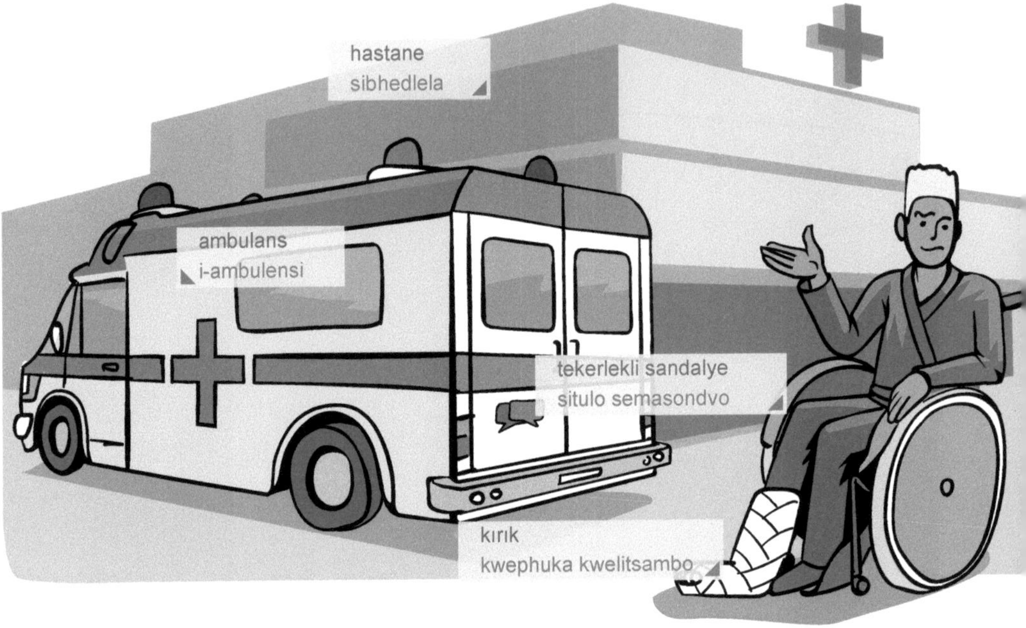

hastane
sibhedlela
ambulans
i-ambulensi
tekerlekli sandalye
situlo semasondvo
kırık
kwephuka kwelitsambo

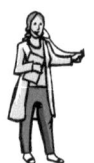

doktor

dokotela

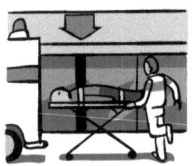

acil servis

ligumbi letimo letiphutfumako

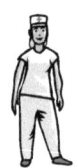

hemşire

nesi

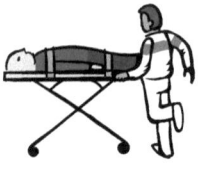

acil

simo lesiphutfumako

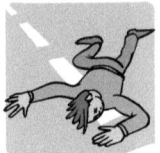

baygın

kucaleka

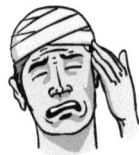

acı

buhlungu

yaralanma

kulimala

kanama

kopha

kalp krizi

kuhlaselwa sifo senhlitiyo

felç

kufa luhlangotsi

alerji

i-aleji

öksürük

kukhwehlela

ateş

kushisa

grip

umkhuhlane

ishal

kusheka

baş ağrısı

kubulawa yinhloko

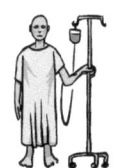

kanser

umdlavuza

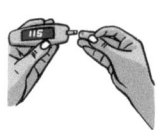

şeker hastalığı

kuba nashukela

cerrah

dokotela

neşter

umukhwa wekusika
wabodokotela

operasyon

kusikwa

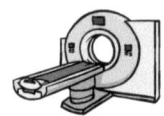

bilgisayarlı tomografi
i-CT

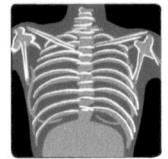

röntgen
i-x ray

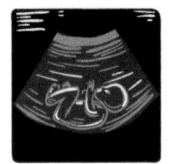

ultrason
umsindvo

yüz maskesi
sifonyo

hastalık
sifo

bekleme odası
ligumbi lekulindza

koltuk değneği
indvuku yekuhamba

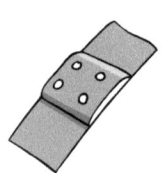

yara bandı
i-plaster

bandaj
ibhandishi

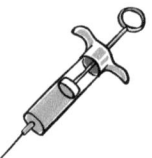

enjeksiyon
umjovo

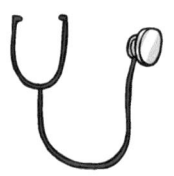

steteskop
lithulusi labodokotela
lekulalela inhlitiyo

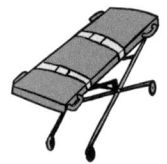

sedye
luhlaka

tıbbi termometre
kwekuhlola lizinga lemuntfu
lekushisa

doğum
kutalwa

fazla kilo
kunona kakhulu

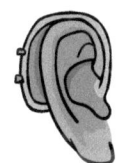

işitme cihazı
tinsita tekuva etindlebeni

dezenfektan
sibulali magciwane

enfeksiyon
kwesuleleka ngesifo

virüs
ligciwane

HIV / AIDS
i-HIV / AIDS

ilaç
umutsi

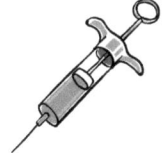

aşı
kugoma

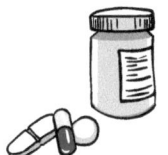

tablet
emaphilisi

hap
liphilisi

acil çağrı
lucingo loluphutfumako

tansiyon aleti
sicaphi semfutfo wengati

hasta / sağlıklı
gula / umcemane

İmdat!

Lusito!

alarm

i-alamu

darp

kuhlukumeta

saldırı

kuhlasela

tehlike

ingoti

acil çıkış

umnyango wekuphuma
nakuphutfuma

Yangın!

Umlilo

yangın tüpü

sicishamlilo

kaza

ingoti

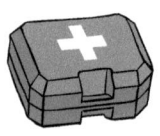

ilk yardım çantası

ikhidi yelusito lwekucala

imdat

SOS

polis

emaphoyisa

Avrupa

i-Europe

Kuzey Amerika

iNyakatfo YeMelika

Güney amerika

iNingizimu YeMelika

Afrika

i-Afrika

Asya

i-Asia

Avustralya

i-Australia

Atlantik

i-Atlantic

Pasifik

i-Pacific

Hint Okyanusu

i-Idian Ocean

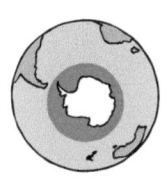

Antarktika Okyanusu

i-Antarctic Ocean

Arktik Okyanusu

i-Arctic Ocean

Kuzey Kutbu

Ligumbi laseNyakatfo

Güney Kutbu

Ligumbi laseNingizimu

Antarktika

iAntarctica

dünya

Umhlaba

kara

indzawo

deniz

lwandle

ada

sichingi

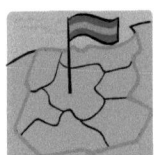

ulus

sive

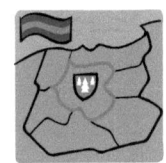

ülke

umbuso

kadran

buso beliwashi

akrep

li-awa

yelkovan

imizuzu

saniye ibresi

imizuzwana

Saat kaç?

sikhatsi sini nyalo?

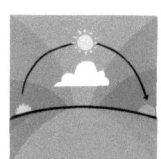

gün

lusuku

zaman

sikhatsi

şimdi

nyalo

dijital saat

liwashi lesimanjemanje

dakika

umzuzu

saat

li-awa

hafta
liviki

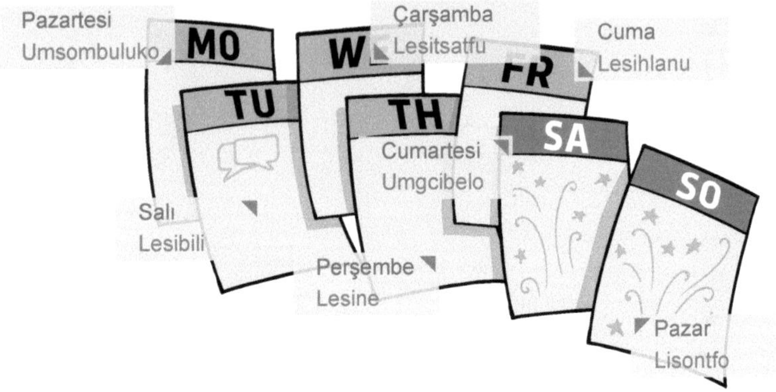
Pazartesi
Umsombuluko
MO
TU
W
Çarşamba
Lesitsatfu
FR
Cuma
Lesihlanu
TH
SA
Cumartesi
Umgcibelo
SO
Salı
Lesibili
Perşembe
Lesine
Pazar
Lisontfo

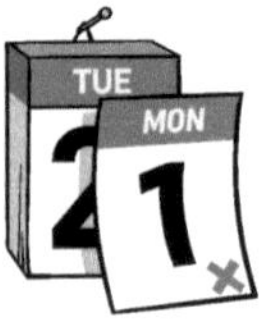
TUE
MON
1

dün
....
itolo

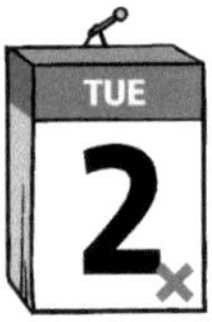
TUE
2

bugün
....
lamuhla

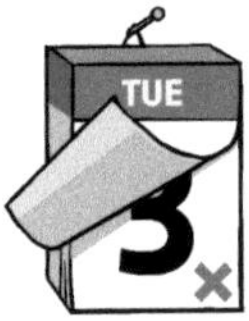
TUE
3

yarın
....
kusasa

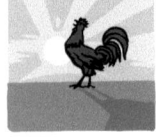

sabah
....
ekuseni

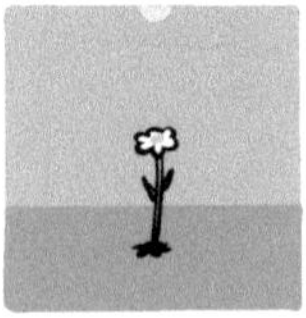

öğle
....
emini

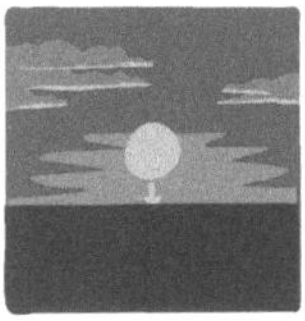

akşam
....
entsambama

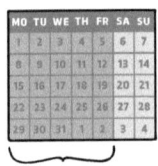

MO TU WE TH FR SA SU
1 2 3 4 5 6 7
8 9 10 11 12 13 14
15 16 17 18 19 20 21
22 23 24 25 26 27 28
29 30 31 1 2 3 4

iş günleri
....
emalanga emsebenti

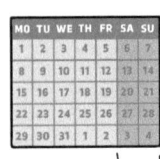

MO TU WE TH FR SA SU
1 2 3 4 5 6 7
8 9 10 11 12 13 14
15 16 17 18 19 20 21
22 23 24 25 26 27 28
29 30 31 1 2 3 4

hafta sonu
....
imphelasontfo

yıl
umnyaka

yağmur
imvula
gökkuşağı
umushi wenkhosatane
rüzgar
umoya
kara
umkhitsiko
bahar
Intfwasahlobo
yaz
lihlobo
sonbahar
Intfwasabusika
kış
busika

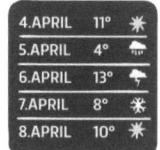

4.APRIL 11°
5.APRIL 4°
6.APRIL 13°
7.APRIL 8°
8.APRIL 10°

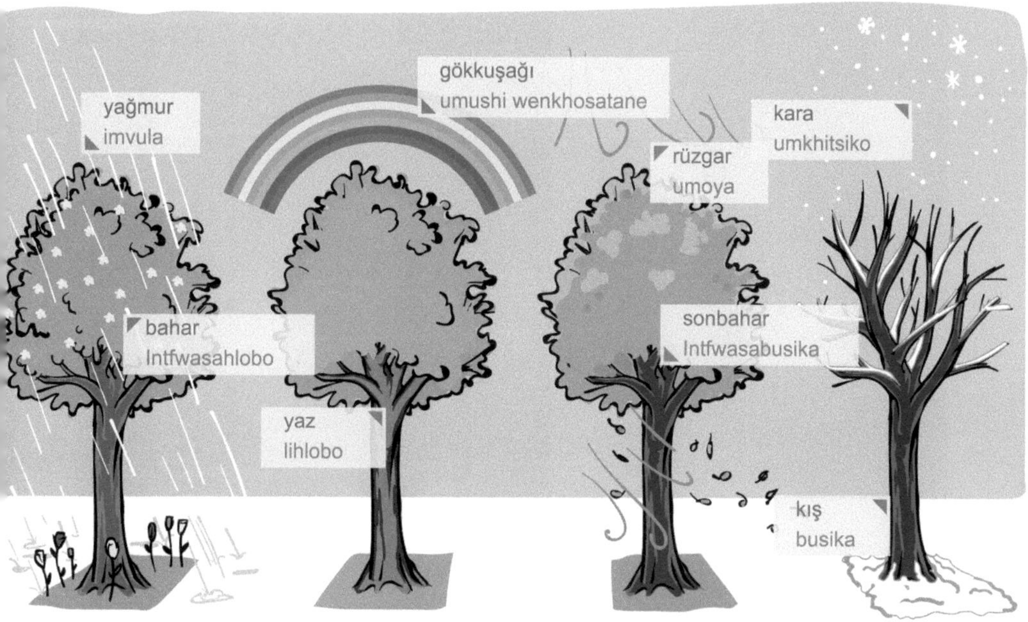

hava durumu tahmini

simo selitulo

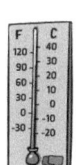

termometre

kwekuhlola lizinga lekushisa

güneş ışığı

kubalela

bulut

emafu

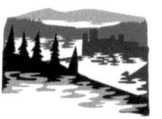

sis

inkhungu

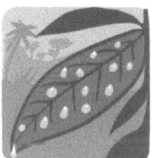

nem

umswakamo

şimşek

umbane

gök gürültüsü

umbane

fırtına

kudvuma lobunebungoti

dolu

sangcotfo

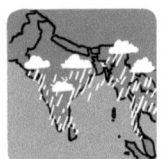

muson

inyeti

sel

tikhukhula

buz

lichwa

Ocak

Bhimbidvwane

Şubat

Indlovana

Mart

Indlovulenkhulu

Nisan

Mabasa

Mayıs

Inkhwenkhweti

Haziran

Inhlaba

Temmuz

Kholwane

Ağustos

Ingci

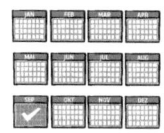

Eylül
....
Inyoni

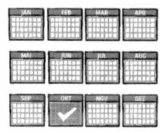

Ekim
....
Imphala

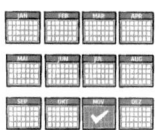

Kasım
....
Lweti

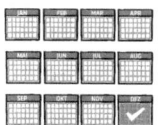

Aralık
....
Ingongoni

şekiller
kubumbeka kwetintfo

daire
....
indingiliza

kare
....
sikwele

dikdörtgen
....
umdvwebo lonetinhlangotsi
letindze letilinganako

üçgen
....
ncantsatfu

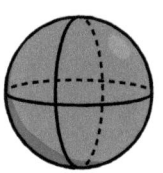

küre
....
i-sphere

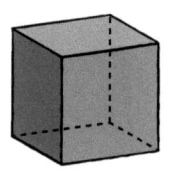

küp
....
ikhiyubhu

beyaz

kumhlophe

sarı

phuti

turuncu

sheli

pembe

kupinki

kırmızı

kubovu

mor

kunsomi

mavi

luhlata

yeşil

luhlata njengetjani

kahverengi

loku-brown

gri

mtfubi

siyah

mnyama

çok / az

kunyenti / kuncane

kızgın / sakin

kutfukutsela / kwehlisa
umoya

güzel / çirkin

buhle / bubi

başlangıç / son

sicalo / siphetfo

büyük / küçük

bukhulu / buncane

parlak / karanlık

kukhanya / bumnyama

erkek kardeş / kız kardeş

bhuti / sisi

temiz / kirli

kuhloba / kungcola

tamam / eksik

kuphelela / kungapheleli

gün / gece

imi / busuku

ölü / canlı

kufa / kuphila

geniş / dar

kubanti / kuncane

yenilebilir / yenilemez

lokudliwako / lokungadliwa

kötü / iyi

inhlitiyo lembi / umusa

heyecanlı / sıkılmış

kutsakasa / kudvumala

şişman / zayıf

sidudla / umcondvo

ilk / son

kwekucala / kwekugcina

dost / düşman

umngani / sitsa

dolu / boş

kugcwala / kute lutfo

sert / yumuşak

kucina / kutsamba

ağır / hafif

kusindza / kulula

açlık / susuzluk

kulamba / koma

hasta / sağlıklı

gula / umcemane

yasa dışı / yasal

kungabi semtsetfweni /
kuba semtsetfweni

zeki / aptal

kuhlakanipha / bulima

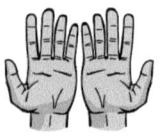

sol / sağ

sencele / sekudla

yakın / uzak

dvutane / khashane

yeni / kullanılmış

lokusha / lokudzala

hiçbir şey / bir şey

kute lutfo / kunalokutsite

yaşlı / genç

budzala / busha

açma / kapama

kuyasebenta / akusebenti

açık / kapalı

kuvulekile / kuvalekile

sessiz / gürültülü

kuthula / umsindvo

zengin / fakir

kunjinga / kuphuya

doğru / yanlış

kulungile / akukalungi

pürüzlü / düz

kuyahhedla / kuyashelela

üzgün / mutlu

kuva buhlungu / kujabula

kısa / uzun

kufishane / kudze

yavaş / hızlı

kunwabuka / kushesha

ıslak / kuru

kurnanti / komile

sıcak / serin

kufutfumele / kusivuvu

savaş / barış

imphi / kuthula

0

sıfır
indilinga

1

bir
kunye

2

iki
kubili

3

üç
kutsatfu

4

dört
kune

5

beş
sihlanu

6

altı
sitfupha

7

yedi
sikhombisa

8

sekiz
siphohlongo

9

dokuz
yimfica

10

on
lishumi

11

on bir
lishumi nakunye

12

on iki
lishumi nakubili

13

on üç
lishumi nakutsatfu

14

on dört
lishumi nakune

15

on beş
lishumi nesihlanu

16

on altı
lishumi nesitfupha

17

on yedi
lishumi nesikhombisa

18

on sekiz
lishumi nesiphohlongo

19

on dokuz
lishumi nemfica

20

yirmi
emashumi lamabili

100

yüz
likhulu

1.000

bin
inkhulungwane

1.000.000

milyon
sigidzi

İngilizce

Singisi

Amerikan İngilizcesi

Singisi saseMelika

Çince (Mandarin)

SiMandarini seseShayina

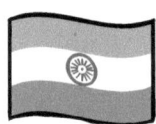

Hintçe

SiHindi

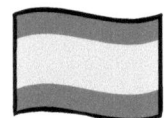

İspanyolca

Sipanishi

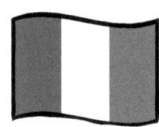

Fransızca

SiFulentji

Arapça

Si-Arabu

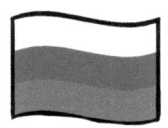

Rusça

SiRashiya

Portekizce

SiPhuthukezi

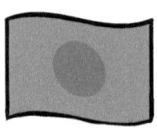

Bengalce

SiBhengali

Almanca

SiJalimane

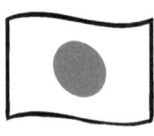

Japonca

SiJapane

ben

Mine

sen

wena

o

yena / yona

biz

tsine

siz

nine

onlar

bona

kim?

bani?

ne?

ini?

nasıl?

njani?

nerede?

kuphi?

ne zaman?

nini?

isim

libito

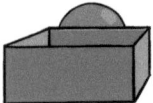

arkasında

ngemuva

içinde

ekhatsi

önünde

embi kwe

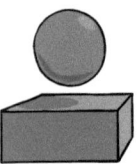

üzerinde

ngenhla

üstünde

etulu

altında

ngephansi

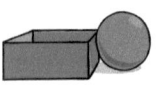

yanında

eceleni

arasında

emkhatsini

yer

indzawo